Lotte zieht das große Los

Die wahre Geschichte eines Schulpferds

Aufgeschrieben von Konstantin Kallergis
Illustriert und gestaltet von Katharina Kelting

Für alle ungeliebten
Pferde dieser Welt

Es war einmal ein Pferd, das hieß Selma. Selma wohnte auf einem kleinen Bauernhof in Aulum, das ist eine kleine Stadt in Dänemark, ganz oben, im Norden Europas. Das Leben war ruhig und brachte nicht viel Abwechslung für Selma, aber das war schon in Ordnung für sie. Jeden Tag kam sie auf die Weide, abends holten die Bauersleute Selma in den Stall, wo ihr Bett aus Stroh auf sie wartete, und das sie sehr schätzte. Was konnte ein Pferd mehr erwarten vom Leben? So geschah es jeden Tag und darüber vergingen Wochen, Monate, Jahreszeiten. Selma war zufrieden, auch wenn sie sich manchmal heimlich wünschte, dass das Leben etwas Spannendes für sie bereit halten würde. Und dann, eines Tages, geschah etwas wirklich Unerwartetes. Es war im frühen Sommer, die Weide stand voller saftigem Gras und schmackhafter Blumen, und Selma hatte gerade eine Blume erspäht, die ihr besonders schmackhaft erschien.

Sie machte sich auf, sie zu fressen, da hörte sie von Ferne die Hufe eines anderen Pferdes herantrappeln. Selma blickte hoch, um zu sehen, wer sie beim Fressen störte und sah am Rand ihrer Weide einen stolzen weißen Hengst stehen. Er war der stolzeste und weißeste Hengst, den sie jemals gesehen hatte. Um genau zu sein, war er überhaupt der erste Hengst, den sie in ihrem ganzen Leben gesehen hatte.

Auch der Hengst hatte Selma gesehen und kam vorsichtig näher. Je näher er kam, umso eindrucksvoller wirkte seine Erscheinung auf Selma. Bald stand er direkt vor ihr, nickte ihr höflich zu und sagte „Guten Tag, ich heiße Lavallo, Sohn von Lord, Enkel von Ladykiller." Selma konnte erst gar nichts antworten, so groß war der Kloß, der ihr im Hals saß. Da stand nun dieser prächtige Hengst vor ihr und sprach sie, Selma, ein einfaches, braves Pferd aus Aulum, einfach so an. Selma war sofort bis über beide Ohren in Lavallo verliebt und stammelte „Guten Tag, Herr Lavallo, ich bin Selma aus Aulum." Der Hengst hatte sich ebenso in Selma verguckt und so zog er nicht weiter seines Weges, sondern blieb bei Selma und sie teilten sich das saftige Gras und all die bunten Blumen auf Selmas Weide. Selma und Lavallo waren glücklich und sie verlebten einen wunderschönen Sommer und liefen jeden Tag gemeinsam über die Weide. Dann kam der Herbst und die beiden saßen an so manchem Abend verliebt auf der Weide und schauten hufehaltend zu, wie die Sonne über den Bäumen, deren Blätter der Herbst bunt gefärbt hatte, unterging.

Schließlich hielt der Winter in Aulum Einzug und es wurde kalt. Es fiel sehr viel Schnee in diesem Jahr und Selma und Lavallo kuschelten sich dicht aneinander, damit sie nicht frieren mussten. Die bunten Blumen waren längst verschwunden und auch das so schmackhafte Gras war unter einer dichten Schneeschicht verborgen. Die Tage waren dunkel und nur selten kam die Sonne zum Vorschein und es schien, als würde der Winter niemals enden. Doch irgendwann setzte doch Tauwetter ein und der Schnee begann zu schmelzen. Bald schon brachen die ersten Schneeglöckchen und Krokusse durch die immer dünner werdende Schneeschicht. Schon im Winter hatte Selma bemerkt, dass eine Veränderung mit ihr vorging und als der Frühling kam, bestand für sie kein Zweifel mehr: Selma bekam ein Fohlen. Zum Ende des Frühlings war sie schon ganz rund und der Nachwuchs würde nicht mehr lange auf sich warten lassen. Ende April, als das wechselhafte Wetter des Frühlings immer mehr der warmen Sonne wich, war es dann soweit. Selma brachte ein Fohlen zur Welt, ein Stutfohlen und es war genauso weiß wie Lavallo. Schon nach einer Stunde konnte das Fohlen von alleine stehen und es begann, bei seiner Mutter Milch zu trinken. Selma und Lavallo waren sehr stolz und sie nannten das Fohlen „Lotte“. Selma, Lavallo und Lotte waren nun eine richtige Familie und Lotte war ein kräftiges und gesundes Fohlen und sie wuchs jeden Tag ein Stückchen.

In den kommenden Jahren wuchs Lotte heran und sie hatte eine unbeschwerte Kindheit. Sie ging jeden Tag mit ihren Eltern auf die Weide, lernte von ihren Eltern, welche Gräser und Blumen sie essen durfte und welche nicht, lernte die anderen Tiere kennen und galoppierte fröhlich über die Weide, während ihre Eltern aufpassten, dass ihr kein Leid geschah.

Bald schon wurde der unternehmungslustigen Lotte die Weide zu klein und sie wünschte sich ein wenig Abwechslung, statt immer nur von einem Ende der Weide zum anderen zu galoppieren. Irgendwann, als Lotte mal wieder die Blumen auf der Weide zählte, hörte sie von Ferne das Getöse vieler Lastwagen und Menschen riefen aufgeregt. Lotte fragte ihre Mutter, was das zu bedeuten habe und Selma sagte ihr, dass der Jahrmarkt nach Aulum gekommen sei. Lotte wusste nicht, was ein Jahrmarkt ist und ihre Mutter erklärte ihr, dass die Menschen dort hingingen, um Spaß zu haben, Riesenrad oder Achterbahn zu fahren oder auch Auto Scooter. Lotte war ganz beeindruckt und sie wollte auch zum Jahrmarkt gehen, aber so sehr sie auch bettelte: ihre Eltern blieben hart. Lotte war noch zu klein, um zum Jahrmarkt zu gehen. Doch Lotte war viel zu neugierig, und so schmiedete sie einen Plan, wie sie doch zum Jahrmarkt gehen konnte. Am späten Nachmittag des nächsten Tages, als die Sonne gerade unterging, die Dämmerung heraufzog und ihre Eltern gerade ganz am anderen Ende der Weide standen und sie nicht sehen konnten, schlüpfte Lotte durch die Stangen der Koppel hindurch (das ging nur, weil sie noch so klein war) und schlich sich in das nahe Aulum. Schon bald sah sie die bunten Lichter und hörte Lärm und Musik. So ging Lotte also das erste Mal auf den Jahrmarkt. Lotte war ein mutiges Pferd und sie fuhr bei allen Fahrgeschäften mit und hatte ganz viel Spaß.

Am schönsten von allen Vergnügungen aber fand sie die Achterbahn. Sie merkte gar nicht, wie die Zeit verging und auf einmal wurde ihr Gewahr, dass es schon stockdunkel war. Ihre Eltern würden sich Sorgen machen. Schnell wollte Lotte zurück zum Bauernhof laufen, doch da sah sie abseits der vielen Zelte und Geschäfte ein kleines einsames Zelt stehen, das mit fremdartigen Symbolen und Sternen bemalt war. Wieder siegte Lottes Neugier und sie sah sich das kleine Zelt genauer an. Es war das Zelt einer alten Wahrsagerin, die ihr anbot, für einen Taler in Lottes Zukunft zu schauen. Da Lotte noch genau einen Taler von ihrem Taschengeld übrig hatte, ging sie hinein.

Die alte Wahrsagerin schaute in Lottes Huf und versuchte, daraus etwas aus Lottes Zukunft zu lesen. Sie sagte zu Lotte, dass sie bald eine große Reise machen und viel arbeiten würde in ihrem Leben. Sehr viel arbeiten. Das fand die Lotte gar nicht toll und sie wollte soeben das Zelt verlassen, da rief die Wahrsagerin ihr hinterher, dass sie irgendwann das ganz große Los ziehen würde. Lotte hatte es nun eilig, zurück zum Bauernhof zu kommen, denn sie wollte nicht, dass ihre Eltern sich Sorgen machten und als sie am Hof ankam, hatte sie schon wieder vergessen, was die alte Wahrsagerin ihr gesagt hatte. Sie kam eben noch rechtzeitig zuhause an, als der Bauer den Stall abschloss. Lotte machte sich ganz klein und schlüpfte gerade noch so hindurch. Die Zeit verging und eines Tages stand der Bauer vor Lotte und erzählte ihr, dass nun die Zeit gekommen sei, dass sie ihre Eltern und den Hof verlassen müsse. Er hatte sie verkauft. Weit weg, nach Deutschland sollte es gehen. Bald schon kam der Tag des Abschieds und Lotte wurde auf einen Anhänger geladen, der sich dann alsbald in Bewegung setzte. Lotte zog ihr Taschentuch heraus und winkte ihren Eltern zum Abschied. Sie winkte und winkte, bis ihre Eltern nur noch zwei Punkte am Horizont waren.

Und so kam die Lotte nach Deutschland. Sie lernte viele Höfe kennen, kam mal hierhin und mal dorthin, sie lernte das Reiten und Gerittenwerden und sie war ein sehr vielversprechendes Pferd, wie man über sie sagte. Springen konnte sie ganz toll und auch in der Dressur machte sie eine gute Figur. Irgendwann kaufte ein Bauer die Lotte, der für seinen Reitunterricht noch ein tolles Schulpferd suchte. Er hatte viel von Lotte gehört und beschloss, dass sie genau das richtige Pferd sei. Also wurde die Lotte Schulpferd. Sie machte ihre Sache sehr gut und sie wurde das beliebteste Schulpferd weit und breit. Jeden Tag war sie im Einsatz, manchmal fünfmal am Tag. Immer neue Kinder und Jugendliche ritten auf der Lotte und die Lotte brachte sie durch die Reitabzeichenprüfung. Die Jahre vergingen und Lotte ritt und ritt und sprang und sprang. Als sie bei achtzig angekommen war, hörte Lotte auf, die Kinder zu zählen, mit denen sie erfolgreich das Reitabzeichen bestanden hatte. Häufig war Lotte am Abend nach der Arbeit total kaputt und nur selten kam mal eines der Reitschulkinder vorbei und brachte Lotte als Dankeschön eine Mohrrübe oder einen Apfel zu fressen. Sie lag dann in ihrer Box und ruhte sich von den Anstrengungen des Tages aus. Zehn Jahre lang war Lotte Schulpferd (insgesamt war sie nun siebzehn Jahre alt und damit das älteste Pferd am ganzen Stall) und irgendwann merkte sie, dass die Zeit nicht spurlos an ihr vorübergegangen war.

In letzter Zeit hatte sie immer häufiger Schmerzen in den Beinen und auch ihr Rücken war nicht mehr so gerade, wie er einmal gewesen war. Es war in dieser Zeit, als hin und wieder ein kleiner dicker Mann durch die Stallgassen mit den Pferdeboxen ging.

Lotte hatte über ihn von den anderen Pferden gehört, dass seine Freundin an diesem Stall ihr Pferd wohnen hatte und während sie ritt, ging er durch den Stall und besuchte die Pferde und sprach mit ihnen. Irgendwann stand er auch vor ihrer Box und hielt ihr ein Leckerli entgegen. Lotte überlegte kurz, kam dann neugierig näher und nahm sich das Leckerli. Das schmeckte lecker! Während der Mann weiterging, lief Lotte schnell zum anderen Ende ihrer Box und stellte sich dort wieder an und tat, als wäre sie ein zweites Pferd, welches in der Box wohnte. Als der Mann dort ankam und Lotte ihre Nase über die Boxenwand reckte, sagte der Mann zu Lotte: „Hey, habe ich dir nicht eben schon ein Leckerli gegeben?" Lotte schüttelte vehement den Kopf. „Bist du ganz sicher?" Lotte nickte ganz doll. Also gab der kleine dicke Mann Lotte ein zweites Leckerli. Doch als er ihre Nase kraulen wollte, zog sie sich zurück in ihre Box. Fressen war o.k., aber auf Nasekraulen hatte die Lotte überhaupt keine Lust. Der Mann zog seine Hand zurück. Also kam Lotte, neugierig wie sie war, wieder nach vorne und schaute nach dem Mann (und nach weiteren Leckerlis), doch als er wieder seine Hand nach ihrer Nase ausstreckte, verkroch sich Lotte wieder nach hinten. Dieses Spiel dauerte zehn Minuten lang an, immer wieder kam Lotte vor und tauchte wieder ab, wenn die Hand des Mannes erschien. Mit viel gutem Zureden ließ sich Lotte dann endlich die Nase kraulen und zum Abschied gab ihr der Mann noch einmal ein Leckerli.

Von dem Tag an besuchte der Mann die Lotte jeden Abend. Jedes Mal holte sich Lotte vorne an ihrer Box ein Leckerli ab und passte den Mann dann am anderen Ende ihrer Box ab und tat, als hätte sie noch kein Leckerli bekommen. Der Mann hatte fortan nur noch Augen für Lotte, weil kein anderes Pferd am Stall so vorwitzig war. Und er verbrachte jeden Abend viel Zeit damit, Lotte zu überreden, dass sie sich von ihm die Nase kraulen ließ. Der Mann lobte Lotte und erzählte ihr, wie wohltuend das sei, so eine Pferdenase zu kraulen. Manchmal hatte er sogar nicht nur Leckerlis, sondern einen Apfel dabei. Die waren lecker und Lotte mochte sie besonders gerne, weil sie so schön saftig waren. Leider hatte sie die früher immer nur viel zu selten bekommen. Eines Abends raschelte es vor Lottes Box und sie rechnete damit, dass der kleine dicke Mann zu Besuch gekommen sei. Doch es war der Besitzer, der vor ihrer Box stand. Er schaute sie ernst an und sagte zu ihr, dass die Lotte nun zu alt geworden und zum Reiten nicht mehr zu gebrauchen sei. Es müsse nun ein neues Zuhause für die Lotte gefunden werden. Irgendjemand müsse ihr das Gnadenbrot geben. Aber niemand wollte die alte Lotte haben, auch der Bauer hatte kein Geld für sie übrig, obwohl sie ihm so viele Jahre gute Dienste geleistet und den Rücken krummgeschuftet hatte. Und so geschah es eines Nachts, es war mitten Winter und bitterkalt, Lotte hatte ihre Decke zum Wärmen drauf, und sie schlief schon tief und fest, dass die Tür ihrer Box aufgerissen wurde. Lotte war noch im Halbschlaf, als sie aus ihrer Box herausgezogen wurde, und ehe sie es sich versah, stand sie auf einem Anhänger. Ihre Decke wurde ihr heruntergerissen und das letzte, was sie sah, bevor der Anhänger mit ihr in der Dunkelheit verschwand, war, dass ein junges, kräftiges Pferd, das nun ihre Decke anhatte, in ihrer Box einzog.

Sie fuhren in die Nacht, das Auto mit dem Anhänger hintendran, auf dem die Lotte stand. Lotte hatte Angst, denn sie wusste gar nicht, was los war und wo es hinging. Nach etwa zwei Stunden wurde das Auto langsamer und sie fuhren auf einen Hof, der nur spärlich beleuchtet war. Dort wurde die Lotte abgeladen und in eine leere muffige Box geschoben. Die Boxentür wurde zugeknallt, Lotte hörte, wie ein Riegel vorgeschoben wurde, dann war Ruhe.

Als es am nächsten Morgen hell wurde, schaute die Lotte sich um. Sie stand in einem dunklen Stall, auf einem langen Gang reihte sich Pferdebox an Pferdebox. Es war ganz still. Lotte hörte einige Pferde atmen, aber kein Pferd sagte einen Ton. Lotte konnte spüren, dass die anderen Pferde Angst hatten. „Hallo?“, rief Lotte, „wo bin ich denn hier gelandet?“ In der Box direkt neben ihr erschien der Kopf eines alten und ausgemergelten Pferdes. „Weißt du das denn nicht?“, fragte das alte Pferd. „Nein“, sagte Lotte, „ kannst du es mir sagen?“ „Wir sind hier bei einem Zwischenhändler“, antwortete das alte Pferd. „Wir sind keinem Menschen mehr zu etwas nütze, weil wir alt sind oder krank oder einfach nur überflüssig und niemand will uns haben. Morgen kommt der Schlachter und wird Dich schlachten.“ Damit hatte die Lotte nicht gerechnet. Das war nun also der Dank dafür, dass sie ihr ganzes Leben lang nur geschuftet hatte wie ein Pferd. So endet also das Pferdeleben, dachte sie und in diesem Augenblick fiel ihr ein, was die alte Wahrsagerin damals, als sie noch ein Fohlen war, zu ihr gesagt hatte. „Das große Los“, dachte die Lotte spöttisch, das war alles so ein Unsinn..... In der Nacht konnte sie nicht schlafen, weil sie sich so viele Gedanken um den kommenden Tag machte. Als endlich die Sonne aufging, überschlugen sich die Ereignisse. Lotte schaute übermüdet aus dem Fenster und sah den Lieferwagen des Schlachters, wie er sich den Berg hoch zum Stall heraufquälte.

Gleichzeitig hörte sie, wie draußen der Verkäufer der Pferdelotterie vorbei kam, der rief „Kauft Lose von der Pferdelotterie! Nur ein Taler pro Los!“ Die Lotte hatte noch nie bei der Pferdelotterie mitgespielt, weil man da nie gewinnt, aber in dem Augenblick dachte sie, dass das nun ja auch egal sei und sie kramte mit dem Huf in ihrer Tasche und förderte tatsächlich noch genau einen Taler ans Tageslicht. Sie rief den Lotterieverkäufer an ihr Fenster und gab ihm ihren letzten Taler für ein Los. Lustlos öffnete Lotte das Los und schaute hinein.

„Hauptgewinn" stand da und „Für immer glücklich!" Lotte konnte es nicht glauben und schaute noch mal hin. Tatsächlich. Sie hatten den Hauptgewinn in der Pferdelotterie gezogen. Aber wie sollte sie denn jetzt bloß ihren Gewinn einlösen? Draußen wartete doch schon der Schlachter! Sie schaute wieder aus dem Fenster und wirklich: in diesem Augenblick hielt der Lieferwagen des Schlachters genau vor ihrem Fenster. Lotte hörte eine Autotür zuschlagen und jemand machte sich am Eingangstor zum Stall zu schaffen. Anscheinend klemmte das Tor. Plötzlich hörte Lotte eine Stimme. „Lotte!!!", rief die Stimme. Lotte dachte, sie hätte sich verhört. Wer sollte hier nach ihr rufen? Hier kannte sie doch niemand. Doch da rief die Stimme noch einmal. „Lotte, bist du hier?" Die Stimme kam Lotte bekannt vor und dann fiel ihr endlich ein, zu wem die Stimme gehörte. Es war der kleine dicke Mann, der nach ihr rief. Aber was tat er denn hier? Lotte wieherte und wieherte und endlich streckte der kleine dicke Mann seinen Kopf über die Tür ihrer Box.

Lotte leckte vor Freude das Gesicht des Mannes, doch er sagte: „Später, Lotte, jetzt komm schnell mit, wir müssen sofort hier weg!“ Nichts lieber als das, dachte Lotte. Der kleine dicke Mann öffnete ihre Boxentür und Lotte schoss wie der Blitz aus ihrer Box. „Pssst“, machte der kleine dicke Mann, „wir müssen ganz leise sein, damit niemand uns bemerkt.“ Auf Zehen- bzw. Hufspitzen schlichen sie durch den Stall. Vorne krachte das Eingangstor, als der Schlachter eine Brechstange zu Hilfe nahm. Lotte und der kleine dicke Mann rannten in Richtung zum Hinterausgang. Genau in dem Augenblick, als Lotte und der Mann in wilder Flucht durch den Hinterausgang stürmten, gab vorne das Eingangstor mit einem hässlichen Quietschen nach. Hinter dem Stall wartete das Auto des kleinen dicken Mannes mit laufendem Motor. Hintendran ein Pferdeanhänger, auf den Lotte diesmal nur allzu gerne drauf ging. Während der Mann ins Auto hechtete und losfuhr, hielt Lotte die Rampe des Anhängers mit den Zähnen geschlossen, damit sie nicht hinten herauspurzelte. Als der Schlachter endlich Lottes Box gefunden hatte und sich wunderte, wo das Schlachtpferd ist, waren sie längst über alle Berge. Sie fuhren ohne anzuhalten zu dem Ort, wo der kleine dicke Mann wohnte, das war ein kleines Dorf in der Nähe von Bremen. Dort konnte die Lotte den Hänger verlassen und der kleine dicke Mann führte sie zu einer saftigen Weide voller bunter Blumen, wo Lotte sich erst mal ausgiebig ausbuckelte. Von diesem Tag an ging Lotte jeden Tag auf ihre Weide.

Jeden Abend kam der kleine dicke Mann vorbei und schaute, ob es Lotte gut geht. Lotte hatte schnell ein Gefühl dafür entwickelt, um welche Uhrzeit er immer zu Besuch kam und wartete jeden Abend auf ihn und sie schaute ungeduldig aus ihrer Box, wo er denn blieb. Sie freute sich auf ihn, denn er machte ihre Box sauber, damit sie sich wohlfühlte und außerdem hatte er immer einen Eimer mit ihrem Abendbrot aus Müsli, Äpfeln, Mohrrüben, roter Beete und obendrauf einem getrockneten Brötchen dabei. So etwas Leckeres hatte die alte Lotte früher niemals bekommen. Arbeiten musste sie fortan nie mehr. Die ersten Tage war Lotte misstrauisch und wartete, wann der kleine dicke Mann wohl mit dem Sattel oder der Longe in der Hand ankäme, aber er sagte zu ihr, dass sie in ihrem Leben genug geschuftet hätte. Genug für drei Pferde. Und so genoss Lotte einfach ihren Lebensabend. Sie war fröhlich, dass sie ihren Frieden gefunden hatte. Langweilig aber wurde ihr nie, ganz im Gegenteil. Gemeinsam mit dem kleinen dicken Mann erlebte sie in den kommenden Jahren viele Abenteuer, genug, um ein ganzes Buch damit zu füllen. Aber das ist eine andere Geschichte.

Und so lebten sie fröhlich und zufrieden viele Jahre lang und tun dies hoffentlich auch noch viele weitere Jahre. An manchen Abenden stehen sie aneinander gelehnt in Lottes Box und schauen zu, wie der Regen fällt. Bei diesen Gelegenheiten leckt Lotte das Gesicht des kleinen dicken Mannes, so, als wolle sie sagen „Danke, dass Du mich gerettet hast." Und der Mann antwortet ihr dann immer „Nein, Lotte, so ist es nicht gewesen. Nicht ich habe Deins, sondern Du hast mein Leben gerettet."

carhartt

Lotte und Autor

Lotte ist ein ehemaliges Schulpferd, nun im wohlverdienten Ruhestand. Geboren 1986 in Aulum, Dänemark. Heute wohnhaft in einem kleinen Ort in der Nähe von Bremen. Hauptbeschäftigung: mit Kumpel Maxi auf die Weide gehen, fressen, dösen. Jobbt nebenbei als Fotomodel.

Konstantin Kallergis, Jahrgang 1965, kommt aus Braunschweig, ist Ingenieur und arbeitet für einen großen europäischen Flugzeugbauer. Vor gut fünf Jahren traf ihn das Glück in Form von Lotte. Seitdem sind die beiden unzertrennlich und verbringen jede freie Minute miteinander.

Illustratorin

Katharina Kelting wurde 1979 in Hamburg geboren. Sie arbeitet freiberuflich als Illustratorin, Künstlerin und Kunstschmiedin. Sie lebt heute gemeinsam mit ihrem Mann und Kater Merlin auf der Insel Rügen.

Impressum

Bibliografische Information der Deutschen Nationalbibliothek
Die Deutsche Nationalbibliothek verzeichnet diese Publikation in der Deutschen Nationalbibliografie; detaillierte bibliografische Daten sind im Internet unter http://dnb.d-nb.de abrufbar. ISBN 978-3-930953-57-8

Autor	Konstantin Kallergis
Herausgeber	Isabella Sonntag, Wu Wei Verlag
Zeichnungen	Katharina Kelting
Fotos	aus privatem Bestand
Satz	Grafik + Design, Heide Wülfert, München
Druck	Finidr, s.r.o., Czech republic, 2011

1. Auflage 2010
2. Auflage 2011

86938 Schondorf · www.wu-wei-verlag.com
 · ISBN 978-3-930953-57-8
Printed in Czech republic

Willkommen bei Wu Wei

Der Wu Wei Verlag legt größten Wert auf absolut authentische Autoren, die sich in ihrem Fachgebiet durch überdurchschnittliches Wissen auszeichnen.

Der Verlagsname „Wu Wei" stammt ursprünglich von dem chinesischen Philosophen Laotse. Er steht für die Kunst des „Weglassens".

Das taoistische Prinzip Wu Wei bedeutet, durch „Nichttun" zum „Tun" zu gelangen – ohne unnützen Eifer, falschen Ehrgeiz und eigenwillige Absichten.

Isabella Sonntag

Ich danke St-eb für die Unterstützung der Klassischen Reitkunst
www.st-eb.de

Bücher und DVD von Dr. Gerd Heuschmann

Erscheint in 11 Sprachen

Finger in der Wunde

von Dr. med. vet. Gerd Heuschmann,
144 Seiten, farbig illustriert

ISBN 978-3-930953-20-2
Preis: 24,80 Euro

Überarbeitete Neuauflage

DVD

FILM: STIMMEN DER PFERDE

von Dr. med. vet. Gerd Heuschmann,
Länge 70 Min.

ISBN 978-3-930953-41-7
Preis: 49,90 Euro

von Dr. Gerd Heuschmann

MEIN PFERD HAT DIE NASE VORN

In der Kinderhand von HEUTE liegt das Pferdeglück von MORGEN

von Dr. med. vet. Gerd Heuschmann,
144 Seiten, 17,5 x 24 cm, Klappenbroschur

ISBN 978-3-930953-50-9
Preis: 26,50 Euro

REIT- UND PFERDEMAGAZIN: piaffino

Piaffino erscheint im Mai und im Oktober, also zwei Mal pro Jahr. Der Vertrieb läuft über Reitschulen oder direkt beim Verlag erhältlich.

Abopreis 7 Euro pro Jahr

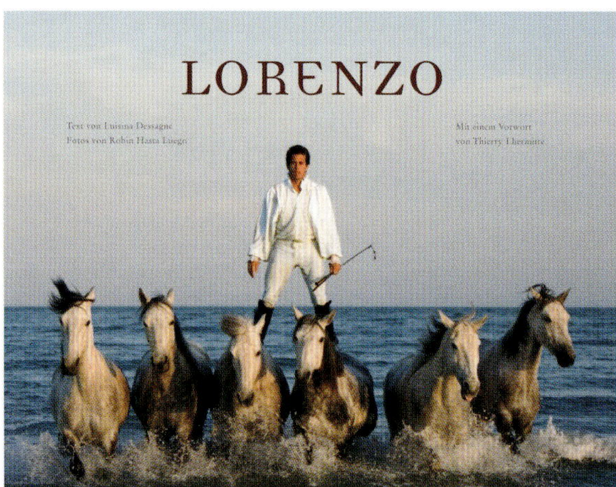

LORENZO

von Luisiana Dessagne
und Robin Hasta Luego
148 Seiten, 27,5 x 22,5 cm, Hardcover

ISBN 978-3-930953-33-2
Preis: 29,90 Euro

GWENDOLYN

Unterhaltsames Buch für alle Ponyfans

von Hans-G. und Christa Lehmann,
120 Seiten, 21 x 27 cm, Softcover

ISBN 978-3-930953-43-1
Preis: 16,80 Euro

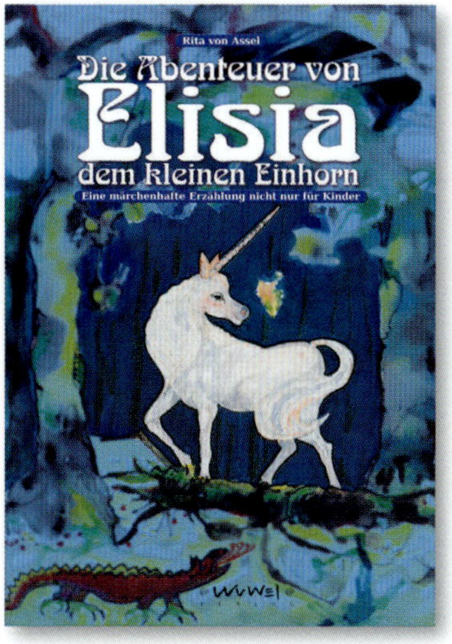

DIE ABENTEUER VON ELISIA

Die Geschichte vom kleinen rosafarbenem Einhorn

von Rita von Assel,
127 Seiten, 16,8 x 23 cm, Hardcover

ISBN 978-3-930953-08-0
Preis: 14,80 Euro

LOTTE UND DIE FLUCHT DER LÄMMER

Ein neues wahres Abenteuer mit dem alten Schulpferd Lotte

von Konstantin Kallergis
42 Seiten, 20 x 21 cm, Hardcover

ISBN 978-3-930953-68-4
Preis: 9,90 Euro

Ein drittes Abenteuer ist in Arbeit.

Bestellung der Bücher und DVD bei:

www.wu-wei-verlag.com
Telefon +49/8192/934192